ALBERTO DA SILVA MORAIS NETO

ELEIÇÃO E VOTAÇÃO:

sistemas políticos e econômicos, candidatos e eleitores

ARARAQUARA, SP, BRASIL
2021

AGRADECIMENTOS

Eu agradeço a todas as pessoas que votaram em mim na eleição de 15 de novembros de 2020 para vereador de Araraquara, cidade onde nasci e moro.

Mesmo tendo poucos poucos votos e não sendo eleito, tive a ideia de escrever este livro.

DEDICATÓRIA

Dedico este livro a todas as pessoas que votaram em mim na eleição de 15 de novembro de 2020, as quais eu sei que confiam em mim.

Sei disso porque elas me disseram ou escreveram.

SOBRE O AUTOR

Meu nome é Alberto da Silva Morais Neto, nasci em 15 de janeiro de 1972 e moro até hoje em Araraquara, região central do estado de São Paulo. Cursei Letras de 1991 a 1994 no campus da Faculdade de Ciências e Letras, UNESP – Araraquara. No mesmo campus, de 2000 a 2002 cursei o mestrado em Educação Escolar, o tema estudado foi "O Mal-Estar Docente: uma investigação numa escola da periferia de Araraquara".

Lecionei Língua Portuguesa em escolas estaduais de 1993 a 2007. Depois deste período e de vários acontecimentos e mudanças em minha vida profissional, em dado momento resolvi começar a escrever sobre os temas considerados por mim relevantes: Educação, Língua Portuguesa, Política e temas que refletem sobre o comportamento humano, que estão diretamente ligados à Educação e à sociedade em que vivemos e, desenvolvi também o gosto por refletir e filosofar. Desde agosto de 2015 publico e-books na plataforma Amazon.

Para entrar em contato comigo:

Facebook:

https://www.facebook.com/albertodasilvamoraisneto

E-mail:

asmnar@gmail.com

Fone:

+55 16 99779-4717

INTRODUÇÃO

ELEIÇÃO 2020 EM ARARAQUARA, SÃO PAULO: observações e reflexões

Dia 15 de novembro de 2020 houve eleição em Araraquara, cidade do estado de São Paulo em que nasci e moro. Pela primeira vez eu fui candidato a vereador pelo partido que sou filiado, o PSOL.

Desde pequeno até hoje me preocupo com as outras pessoas; tive uma educação cristã; sou espírita. Busco o meu bem-estar, mas considero sempre o bem-estar dos outros também. Eu entendo que o bem-estar individual depende do bem-estar coletivo. Com este entendimento, naturalmente, fui levado a ser de esquerda, socialista.

Ao longo da minha vida, conheci muita gente; conheço muita gente: do Espiritismo – sempre fui espírita, desde pequeno –, de bailes, das escolas estaduais em que trabalhei; pessoas dos bairros em que morei... e, todos que me conhecem sabem que sou sério, honesto, gosto de tudo do jeito que tem de ser. Eu tinha, inclusive esperança de ser eleito ou, pelo menos, ter uma votação razoável.

Tenho consciência de que nem todos gostam de mim, mas a minha esperança se baseava no fato de que todos que me conhecem sabem da minha seriedade e que eu tenho conhecimento, gosto de estudar e quero o bem de minha cidade e de todos que moram nela. Mas, além de ter recebido poucos votos, eu vi pessoas votando em candidatos simplesmente pelo fato de ser parente, irmão, colega de bar ... e, portanto, sem considerar o mais importante: o preparo e a boa vontade do candidato em desemprenhar corretamente a função de vereador.

Concluí, então, como eu já sabia, que a maioria das pessoas vê apenas os interesses pessoais; porém, para minha tristeza, o número é bem maior do que eu imaginava. Pessoas totalmente despreparadas, que não se dispõem a aprender com quem é mais preparado que elas, pessoas que não mudam a opinião; pessoas egoístas que apenas veem o que interessa a elas e à família, no máximo.

Por outro lado, fiquei feliz com o apoio que recebi. Mesmo não tendo sido eleito, as poucas pessoas que me apoiaram valem muito mais que todas as outras que não me apoiaram, porque são pessoas admiradas por mim, pelo caráter, pela seriedade, pelo conhecimento, pela sensatez e pela consciência social.

Enfim, mesmo não lecionando mais e não tendo mais tal objetivo, ainda tenho a vontade de contribuir com a Educação do povo de Araraquara, do Brasil e quem sabe do mundo. Esta é a facilidade de escrever e publicar e-books e, traduzi-los para o inglês, como já fiz com alguns e pretendo fazer com este. Escrever, fazer palestras e oferecer cursos é a maneira de divulgar o conhecimento e, é o que pretendo fazer com este e-book, que trata de assuntos muito importantes para a sociedade.

Como disse John Lennon, na letra da música "Imagine":

"You may say I'm a dreamer,

but I'm not the only one

I hope someday you'll join us

and the world will be as one"

"Você pode dizer que eu sou um sonhador

mas eu não sou o único

Eu espero que algum dia você se junte a nós

e o mundo será um só"

CAPÍTULO I:

ELEIÇÃO

1.1 POLÍTICA E CORRUPÇÃO

Este primeiro texto vai tratar da definição de Política, porque é o conceito considerado aqui básico para a argumentação e o entendimento de todos os outros que serão escritos.

A primeira consideração sobre Política é: "A palavra "política" provém do grego "politéia". Tal palavra era usada para se referir a tudo relacionado a polis (Cidade-estado) e à vida em coletividade. Portanto, podemos chegar a um ponto em comum ao afirmar que a política está relacionada diretamente com a vida em sociedade, no sentido de fazer com que cada indivíduo expresse suas diferenças e conflitos sem que isso seja transformado em um caos social." (ELIENE, 2020).

Do parágrafo acima, podem-se retirar trechos como "vida em coletividade"; "vida em sociedade" "cada indivíduo expresse suas diferenças e conflitos"; "sem que isso seja transformado em um caos social". É importante saber que a palavra política tem origem na língua grega e significava viver em coletividade, sociedade sem que houvesse caos social.

Outro texto será citado para desenvolver melhor o conceito de Política: "A política foi a forma que a civilização encontrou para mediar e resolver, de forma pacífica e negociada, os conflitos e contradições que os indivíduos, na sociedade, não podem nem devem resolver diretamente com fundamento na força, sob pena de retorno da barbárie." (QUEIROZ, 2020)

Trechos bem interessantes podem ser destacados da passagem acima: "mediar e resolver, de forma pacífica e negociada, os conflitos e contradições"; "sob pena de retorno à barbárie". Foi acrescentado de forma mais clara e objetiva o conceito de mediar e resolver conflitos e contradições de forma pacífica e negociada, para que não se retorne à barbárie, ou seja, para que seja de forma civilizada, respeitando as diferenças.

Por fim, antes de serem feitos comentários mais detalhados, será citado um trecho de uma autora reconhecida mundialmente no meio acadêmico: "A política trata da convivência entre diferentes. Os homens se organizam politicamente para certas coisas em comum, essenciais num caos absoluto, ou a partir do caos absoluto das diferenças." (ARENDT, O que é Política?, p. 7)

Trechos muito bons podem ser retirados do parágrafo acima: "convivência entre diferentes"; "se organizam politicamente"; "coisas em comum, essenciais num caos absoluto".

Então, pergunta-se: O que é Política? Para que serve a Política? Como professor de Português, graduado em Letras, adquiri o bom hábito de analisar sempre a origem das palavras, o que sempre é útil. A origem da palavra "política", como mostrado acima, refere-se às cidades-estado, refere-se a viver em coletividade, o que não é fácil, pois cada um de nós é um indivíduo, ou seja, ninguém é igual a ninguém em nada. Pode haver semelhança em alguma coisa, mas ser igual não.

Porém, é necessária a convivência entre nós, para que não haja o caos social. A Política, portanto, tem a função de mediar e resolver os conflitos e contradições de forma pacífica e negociada. Somos diferentes uns dos outros, portanto, não pensamos nem agimos de forma igual. Porém, para que não haja o caos social deve haver negociação entre todos da sociedade; por isso a política surgiu e existe. Deve haver negociação entre todos para que haja convivência pacífica e respeitosa mesmo com as diferenças, que são naturais de cada um.

O objetivo da Política é bem retratado na frase "A política trata da convivência entre diferentes" (ARENDT, O que é Política?, p. 7), o que deve ficar bem claro para todos. E ela também cita o caos social. Por quê? A política é a maneira encontrada pelo ser humano para se organizar e ser possível a convivência pacífica e negociada de uns com os outros, para que não haja o caos social.

De acordo com estes raciocínios sobre a definição e objetivo da Política, deveria haver uma convivência negociada, pacífica e justa entre os diferentes: patrão e empregado; pobre e rico; homem e mulher; religioso e ateu; sábio e ignorante... Que fique claro: política é negociação para uma convivência pacífica e justa, para que haja os mesmos deveres, direitos e oportunidades para todos.

É o que ocorre na sociedade em que vivemos? Não!! De modo algum. Em nossa sociedade a Política serve para defender interesses individuais e de poder. Muitos querem ser políticos para ganhar bem e, não fazer muita coisa. A maioria não faz nada para o bem da população, a prova disso é a situação vivida por todos e como estão as sociedades, sejam municipais, estaduais, federais ou mundiais. A partir desta situação, que deturpou e denegriu o conceito de Política, surge o conceito de "corrupção", que é o uso da Política para defesa de interesses individuais e sem se preocupar em prejudicar a população.

Enfim, é urgente que haja reflexão e discussão séria sobre o objetivo da Política e a situação atual da Política, porque o caos social está presente, e não deveria estar.

1.2 DEMOCRACIA

O próximo assunto que foi escolhido como sendo importante e será aqui desenvolvido com base em trechos de autores reconhecidos mundialmente é Democracia.

A Democracia foi uma conquista grega já há muitos séculos. Certamente, a realidade e a cultura grega era diferente da nossa e, acrescenta-se que atualmente é muito diferente, o mundo mudou muito em relação àquela época. Por isso, sempre considero a essência do conceito, pois a essência não muda. Se mudar, a palavra não poderia ser a mesma; pelo menos desse modo eu entendo.

De acordo com o entendimento grego por ser o significado da palavra "... poderíamos, então, definir a democracia como o governo do povo ..." (SCHUMPETER, 1961, p. 293). Este é o ponto essencial, que aqui se quer e se vai destacar o texto todo.

Outro trecho detalha mais esta definição: "A filosofia da democracia do século XVIII pode ser expressa da seguinte maneira: o método democrático é o arranjo institucional para se chegar a certas decisões políticas que realizam o bem comum, cabendo ao próprio povo decidir, através da eleição de indivíduos que se reúnem para cumprir-lhe a vontade..." (SCHUMPETER, 1961, p. 300).

A definição de Democracia é perfeita, é excelente para que haja harmonia, justiça e paz na sociedade. Mas é o que ocorre? Todos nós sabemos que não!! O povo deveria decidir: isso é Democracia. Mas o povo fica à margem das decisões. O povo é manipulado. É explorado. Mesmo quando o povo acha que está levando vantagem, na verdade, está sendo manipulado e explorado. Por isso, os autores desenvolvem e aprofundam o tema, inclusive alguns questionam a Democracia.

Neste livro não se questiona a Democracia; aqui se entende que o ser humano consegue deturpar tudo, consegue deturpar qualquer doutrina, seja filosófica, religiosa, científica... o mesmo acontece com a Democracia. Por que o ser humano deturpa e modifica? Pelo fato de que o egoísmo e o individualismo – características humanas – em muitos fazem com que eles adequem doutrinas, fatos e situações aos interesses pessoais deles e, para isso, precisam deturpar e modificar.

Há inclusive afirmações como: "... Entre outras coisas, revela que a relação entre democracia e liberdade deve ser consideravelmente mais complexa do que pensamos habitualmente ..." (SCHUMPETER, 1961, p. 294), o que indica que não é tão simples a relação entre conceito e realidade, mas, repito, atribui-se isso aqui neste livro ao individualismo e interesses humanos.

Trecho muito interessante também é o que vem a seguir: "A própria democracia é uma forma de governo em que a liberdade é limitada pela existência do Estado. Este desaparecendo, haverá liberdade. E o desaparecimento do Estado ocorrerá graças ao autocontrole exercido por cada um, possível pela abundância reinante, pelo desaparecimento das classes sociais e pelo abandono dos hábitos individualistas e egoístas das épocas anteriores." (BRESSER-PEREIRA. 2011, p. 4)

O trecho acima é excelente porque resume de forma clara e objetiva, o que outros autores tratam em muitas páginas. Entende-se que acima se confirma que o ser humano é o problema, não a Democracia, que é "o governo do povo" e está relacionada à liberdade. O problema é o controle feito pelo Estado, que aconteceu sempre, acontece ainda hoje, devido aos interesses pessoais. Mas, Democracia é "o governo do povo" sendo assim o povo deve restabelecer a situação e não permitir mais o controle feito pelo Estado. Se o povo governar e, como deve ser feito na Democracia, para se chegar ao bem comum, não haverá mais classes sociais, pois o bem comum é incompatível, não combina com diferenças sociais.

Enfim, este texto tem por objetivo esclarecer a importância da Democracia e de se refletir nela e no fato de que a Democracia é boa, quem estraga, deturpa, denigre e modifica é o ser humano, que é egoísta e individualista.

1.3 CONSCIÊNCIA SOCIAL

Tema que sempre considerei muito importante, por dever ser o mínimo de responsabilidade de cada um para que resulte no bem-estar coletivo: consciência social.

O bem-estar individual e o bem-estar coletivo estão relacionados; um depende do outro. Isso pelo fato de que se houver – como há – exploração de alguém por outro, não há bem-estar; é impossível que haja. O que há é uma falsa impressão de prazer momentâneo; mas pelo simples fato de explorar e prejudicar nunca há consciência tranquila e sempre haverá mal-estar e ódio envolvido, pois ninguém gosta de ser prejudicado e explorado.

A finalidade da Política como já foi visto é propiciar negociação entre as partes para que haja entendimento, mesmo havendo diferenças e Democracia é "governo do povo". Se pensarmos bem, todos somos povo; todos fazemos parte do povo; infelizmente, há alguns que se distanciam do povo porque querem explorar e dominar o povo, do qual já fizeram parte e, de alguma maneira, ainda fazem.

Isso ocorre porque não há Consciência Social; há o oposto, que é o individualismo, a competição, a vontade de ganhar e ser mais, não se importando que para ser mais, outro será menos; para ser rico, outro será pobre; para ser milionário, outro será miserável; para viver na abundância, outro viverá na miséria... Mas, isso não importa para o competitivo, individualista e egocêntrico; somente o sucesso importa a este tipo de pessoa. Para falar a verdade, nem pessoas considero que sejam.

Consciência Social é o oposto do individualismo: é entender que o meu bem-estar depende do seu bem-estar, leitor; o nosso bem-estar depende do bem-estar das outras pessoas, inclusive daquelas que nem conhecemos. Todas as pessoas deveriam entender isso e basear as atitudes delas nisso. Sempre deveriam pensar: "Eu quero fazer tal coisa, mas será que isso vai prejudicar alguém? Se for prejudicar alguém, eu não vou fazer". E também de outra forma: "O que eu poderia fazer para contribuir para o bem-estar das outras pessoas?"

Por que a maioria das pessoas não faz isso? Por que a maioria das pessoas não têm consciência social? Primeira pergunta que farão: como eu posso afirmar que a maioria das pessoas não tem consciência social? Resposta muito fácil: se a maioria tivesse consciência social, estaríamos vivendo a situação de desigualdade e caos social que estamos vivendo? Resposta à segunda pergunta, na verdade, a pergunta feita primeiramente, no início do parágrafo: a maioria das pessoas não faz isso; a maioria das pessoas não têm consciência social, por causa da ignorância, no sentido de falta de Educação, falta de Conhecimento e relacionado a isso, o egoísmo exagerado, o individualismo levado ao extremo.

Lembro o que escrevi no começo deste texto: há relação entre Consciência Social, Política e Democracia. E acrescento que todas as três estão relacionadas ao Conhecimento. Para vivenciar alguma coisa, para vivenciar alguma situação é preciso ter Conhecimento e Entendimento do que seja. Ninguém faz aquilo que não entende!! Nem eu!! Para entender e ter Conhecimento é preciso estudar, pesquisar e se esforçar, características que não são muito populares atualmente. Justamente, por isso, entender conceitos é muito difícil para a maioria; fazer relação entre conceitos então, é muito mais difícil.

Consciência Social é um conceito complexo para se entender e principalmente vivenciar. Ele envolve entender a outra pessoa, entender que ninguém é igual a ninguém, nem na forma de pensar, nem na forma de agir... em nada; mas é preciso a convivência. E todos têm os mesmos deveres e direitos. Ninguém é melhor que ninguém. Há sim, os mais honestos, os mais sérios, os mais comprometidos...

Isso é Consciência Social: sempre procurar entender os outros e não apenas a si. Nós não somos os únicos no mundo e nem conseguiríamos viver sozinhos no mundo. Já pensou nisso, leitor? Conseguiria viver sozinho no mundo, sem mais ninguém? Enfim, a Consciência Social é essencial para a sociedade.

1.4 QUAL O OBJETIVO DA ELEIÇÃO?

Assunto que deveria ser básico e essencial para todos, se fossem cidadãos responsáveis, mas infelizmente não são, o que torna muito importante escrever sobre isso para o bem da sociedade humana: qual o objetivo da eleição?

Muitas pessoas não se interessam o mínimo por Eleição, que se relaciona à Política. No dia 15 de novembro, em Araraquara, onde moro e fui candidato, quando estava voltando da escola em que fui votar, vi e ouvi uma moça dizendo: "Tomara que não tenha segundo turno, isso é só para encher o saco". Ela se mostrou muito ignorante, basicamente por dois motivos: 1) Araraquara não tem segundo turno; a eleição se decide no primeiro turno; 2) Se ela está incomodada por votar, não vai poder reclamar de situações de injustiça e corrupção.

Não a conheço, mas por meio da observação, imaginei que ela fosse pobre e trabalhadora como eu. A questão intrigante, que para mim não tem resposta racional é: como uma pessoa pobre e trabalhadora pode não se importar com Política e Eleição? Apenas consigo pensar em duas possibilidades: 1) Ignorância: falta de Conhecimento e Entendimento sobre o assunto; 2) Individualismo, que faz com que a pessoa apenas pense em si, sem considerar os outros: "Ah, pra mim tá bom assim!!!".

É necessário que se lembre da importância da Educação, da importância do Conhecimento; quem estudou e procura se informar minimamente – dever de todos -, é consciente da importância da Política, para haver consenso em relação às diferenças; é consciente sobre a importância de um Regime Democrático e a importância de ser contrário a um regime ditatorial e autoritário; é consciente também sobre a importância de haver Consciência Social. Estas três coisas citadas e relembradas – porque são os três textos anteriores -, na verdade são conceitos adquiridos num processo, ou seja, não é de uma hora para outra e muito menos num passe de mágica que são adquiridas.

Muitas pessoas - para mim são a maioria -, mesmo que não forem, são muitas, não tem a mínima noção sobre o que citei e relembro dos textos anteriores e, pior, nem querem ter noção e nem se preocupam. E mais ainda – sempre pode ficar pior – há muitas pessoas que ficam muito bravas quando alguém chama a atenção delas para o correto. Eu tenho este direito porque a falta de compromisso destas pessoas está me prejudicando, como a muitas outras pessoas. Ela fica brava por quê? Deveria ou criar vergonha ou morar sozinha numa ilha deserta, na Lua, em Marte... Assim não incomodaria ninguém.

Muitos de nós, acredito, vivemos numa cidade democrática, num país democrático – nem tanto assim -, mas temos a oportunidade de opinar, de argumentar, de discordar, de falar o que sentimos... temos a oportunidade de participar de uma Eleição, - muitos de nós não valorizam isso -, mas há países onde não há Eleição, o governante e as regras são imposições. E quem não concordar, morre ou fica preso a vida toda... Quem já pensou nisso? Pensando nisso vamos aprender a valorizar o Regime Democrático. Ou ainda vamos querer um regime ditatorial e autoritário?

Eleição é um acontecimento muito importante para todos nós; é a oportunidade de fazermos tudo que eu já citei acima e, vou repetir: oportunidade de opinar, de argumentar, de discordar, de falar o que sentimos... Vamos valorizar isso!! Como entender uma pessoa que reclama dos políticos, reclama do que eles fazem, do que não fazem, mas quando há Eleição, ou não vota, ou vota no colega de bar ou vota num parente – apenas por ser parente -, nunca pela capacidade em desempenhar a função de representar os interesses da população.

É irrelevante para muitos "a função de representar os interesses da população" na hora de votar. Por quê? Não entendo!! Como já escrevi pode ser ou falta de Conhecimento ou defesa de interesses pessoais, o que é egoísmo. Eleição pode envolver egoísmo? Eleição não deveria envolver egoísmo, pois é a oportunidade de se escolherem as pessoas mais indicadas para representar os interesses da população, como já escrevi.

Portanto, aconselha-se a cada um refletir bem melhor na importância da Eleição e nas consequências, pois todos nós dependemos do que for decidido numa Eleição.

CAPÍTULO II:

VOTAÇÃO

2.1 IMPORTÂNCIA DE VOTAR

Outro texto sobre assunto que deveria ser básico não só na compreensão como na vivência de todas as pessoas, mas infelizmente, não é. Por isso, vou tratar de importância de votar.

Por que decidi escrever sobre tal assunto? Justamente por ser um assunto importante que muitas pessoas tratam como se não tivesse importância alguma. Os brasileiros e os araraquarenses, de modo geral, não se importam com o voto, inclusive reclamam por ser obrigatório votar. Há aqueles que preferem pagar a multa e não comparecerem. Há outros também que sempre justificam o voto, mas, na verdade, é uma desculpa para não votarem. Outros vão votar, contrariados e, por isso escolhem qualquer um ou votam nulo ou branco. Qual das possibilidades é pior? As três são muito ruins.

Algumas pessoas ainda não se deram conta da importância do voto; são imaturas intelectualmente ou moralmente ou as duas coisas. Se há políticos corruptos e mal intencionados eleitos é justamente por que houve quem tenha votado neles. Difíc entender isso? Não, até eu entendo isso. A questão é, como sempre repito e, já citei mais de uma vez neste livro: 1) Ignorância: falta de Conhecimento ou 2) vontade de explorar de dominar os mais fracos. Não consigo achar outra opção.

Há um trecho muito interessante de um dos autores citados na bibliografia: "... uma vasta máquina burocrática administrando os processos produtivo e distributivo, a qual será, por seu lado, talvez controlada por órgãos democráticos como os que hoje conhecemos — um parlamento ou congresso e um conjunto de funcionários públicos escolhidos pelo voto." (SCHUMPETER, 1961, p. 476). Não é um trecho difícil de se entender, embora seja de quem é. Toda sociedade é uma máquina burocrática, que envolve entendimentos e interesses diferentes, por isso deve haver regras para que haja o bem comum. O voto é a maneira que todas as pessoas dispõem para escolher quem é ideal para proporcionar o bem comum.

A realidade, porém, é bem outra, Há quem escolha pessoas totalmente sem preparo para representar a sociedade. Ou na verdade, ela quer que a pessoa represente somente a ela? Isso é corrupção. Se existe político corrupto, é por que existe eleitor corrupto. E fazer tal escolha não é inteligente. Vou explicar: 1) pessoas corruptas não são confiáveis; na verdade um corrupto só favorece outro corrupto quando ele também recebe vantagens; quando não houver mais vantagens, não há mais acordo; 2) quem é corrupto e só quer vantagens para si e, portanto, fica cada vez mais marcado pela mentira e pela corrupção, nunca dorme com a consciência tranquila, nunca poderá confiar totalmente nas pessoas que o rodeiam... e será lembrado pelos descendentes e na História como "corrupto", o que causará aos descendentes muita vergonha. Será que compensa o crime?

Qual a razão de alguém votar num corrupto então? Já escrevi. Vamos refletir!! Votar é muito importante. Na verdade, o voto mostra quem somos e o que desejamos para a sociedade em que vivemos. Não vivemos sozinhos nela; há outras pessoas; por isso se chama "sociedade". O voto é uma prova da responsabilidade e do compromisso que cada um de nós tem com a sociedade. E quantos são reprovados nessa questão; quantos são exemplos de como NÃO se deve agir um cidadão. É vergonhoso!!

Enfim, votar conscientemente é inteligente, porque prova que entendemos que vivemos numa sociedade: o bem de cada um e o bem de todos estão relacionados.

2.2 VOTO NULO OU BRANCO:

não votar

Assunto da maior importância para todos cidadãos e que deveria fazer parte de séria conscientização desde a infância – por parte da Educação dada por pais e por professores -, porque influi muito na sociedade que temos e teremos: voto nulo ou branco: não votar.

Este texto está relacionado ao anterior, 2.1, "IMPORTÂNCIA DE VOTAR", mas aqui será dada ênfase àqueles que não votam; eles merecem, porque se a sociedade não vai bem, eles tem uma boa parcela de responsabilidade. Como pode haver um ser que não tem consciência da própria responsabilidade na sociedade? Há os seres irracionais e os seres racionais. O ser humano normalmente é classificado entre os seres racionais; mas, alguém que não vota e pouco se importa com a eleição deste ou daquele candidato, o que influenciará na vida de todos, inclusive na dele – que não votou -, pode ser considerado um ser racional? De igual modo, aquele que diz: "ah, pra mim tá bom assim do jeito que tá; tendo pinga e churrasco, tá bom demais". Pode ser considerado um ser racional?

A atitude de não votar, claramente, expressa individualismo profundo, o que se traduz em nenhuma consciência de coletividade; além de mostrar que não é uma boa pessoa. Por que não é uma boa pessoa? - sei que estão querendo a resposta. Uma boa pessoa é aquela que quer o bem de todos, é aquela que contribui para o bem de todos e, não apenas o bem-estar pessoal e, no máximo da família. Há muitos teóricos sobre o assunto; não apenas teóricos, como também modelos de quem viveu o que ensinou: Jesus, Buda, Gandhi, apóstolo Paulo...

Leitor, não seja ingênuo de pensar que estou envolvendo religião e por isso, o argumento não é válido. Eu escrevi alguma coisa sobre religião? Algum conceito religioso? Amor é um conceito universal e de diversas doutrinas e filosofias. Eu citei homens que contribuíram de alguma forma para que o mundo fosse melhor. Quem não sabe disso ou não conhece a biografia deles ou não quer admitir que o modo de vida deles se destaca até hoje no mundo, devido a algum interesse pessoal. E há outros, em áreas diversas, como o filósofo Sócrates, Albert Einstein...

O Conhecimento – como faço sempre questão de repetir – sempre faz muita diferença. Uma pessoa com Conhecimento nunca se omite, porque possui Consciência Social. Destaco aqui novamente que TER CONECIMENTO É MUITO DIFERENTE DE TER DIPLOMA UNIVERSITÁRIO. Há muitos por aí que tem diploma universitário ou até diploma de mestrado e doutorado e NÃO POSSUEM CONHECIMENTO. Não vou me alongar neste assunto, devido à complexidade dele, mas envolve: onde a pessoa estudou, se estudava para as provas, se "colava nas provas", se ela é uma pessoa que já se preocupava com os outros ou não ... e a relação entre todos estes fatores.

A falta de Conhecimento gera a Falta de consciência social, que faz com que 73.453 pessoas tenham deixado de votar em Araraquara – para prefeito e vereador – no dia 15 de novembro de 2020. O que justifica isso? Nada, além da ignorância, que – quanto a estas 73.453 pessoas - se relaciona à indiferença social. É um dado muito triste. Como vai haver mudança se tantas pessoas deixam de votar? E com certeza muitas delas se consideram pessoas de bem e frequentam assiduamente um templo religioso. E se consideram com direito de reclamar daquilo que discordam e não aprovam, mesmo não tendo votado. E a prática do bem? E o "amai-vos uns aos outros"?

Há outro dado interessante: se de repente o governo suspender a venda de cigarros e aumentar muito o preço dos itens para churrasco, como carne, carvão, cerveja, pinga, limão... não tenho dúvida que muitos vão reclamar. Outro dado muito triste!! Há pessoas que se divertem, mas não se preocupam com os outros. Fazer campanha para arrecadar cobertores, roupas, comida é um início de bondade, mas está longe de ser caridade. Muitos confundem Assistencialismo com Caridade, São conceitos bem diferentes, que eu também no vou tratar aqui, pois não é o objetivo.

Enfim, a questão é que omissão nunca vai resolver nada. Cada um deve cumprir também os deveres que lhe dizem respeito. Deveres antes de direitos. E todos devem estar conscientes e não apenas alguns. E quem não vota não cumpre o dever mais básico que um cidadão deveria cumprir.

2.3 VÁRIOS PARTIDOS E COEFICIENTE ELEITORAL:

por quê?

Este texto tem por objetivo questionar duas situações, ao mesmo tempo, ilógicas e injustas da política: os vários partidos e o o coeficiente eleitoral.

Já foi visto anteriormente a finalidade da Política, que é a negociação entre as partes diferentes para proporcionar o bem comum. Então, pergunta-se: qual o benefício para a política e para o bem comum de haver tantos partidos? São inúmeros os partidos e na prática a maioria deles não resolve muita coisa ou nada na sociedade. Na prática, a maioria deles faz a mesma coisa. Então, para que tantos?

A essência dos partidos políticos ou é o socialismo, a esquerda, que quer o bem dos pobres e trabalhadores ou é o capitalismo, a direita, que embora não fale abertamente, – porque seria o fim dela, direita – prioriza os interesses dos poderosos empresários e ricos. Essa análise básica e essencial justifica a existência de dois partidos. As pessoas deveriam se filiar a um ou a outro.

Há, porém, aqueles que dizem que deve haver partidos que defendam os "gays", as lésbicas, os negros ... O ser humano complica. A solução seria simples: todos os partidos deveriam defender todos, sejam quem forem: todos sem distinção alguma. O objetivo da Política e consequentemente, de um partido político não é promover o bem comum?

Se formos analisar, não há diferença entre a maioria dos partidos. E a cada dia surgem cada vez mais partidos, por quê? É sabido por todos nós dos interesses pessoais e de poder defendidos, mas isso será tratado em outros textos, mais para frente. O que se quer aqui deixar claro é que todo partido deveria ter um documento que deixasse claro quais os objetivos do partido e todos os integrantes deveriam levar esse documento muito a sério, o que sabemos que não acontece.

Além disso, deveria haver regras para filiação de pessoas: o mínimo de escolaridade não serve. Um político – para fazer e analisar um projeto – deve ser bom em interpretar e escrever um texto; deve ter conhecimento e gostar de estudar e pesquisar. E deve obrigatoriamente querer o bem da população. Quem não seguisse tais regras e orientações ou não se filiaria ou depois de eleito seria destituído da função. Simples!! Isso ia fazer uma boa limpeza nos partidos.

Há ainda o coeficiente eleitoral, outra injustiça: é o resultado de uma equação matemática que determina o número mínimo de votos que um partido deve ter para eleger candidatos. Eu considero isso uma piada!! Um candidato com 899 votos não foi eleito, devido ao partido não ter atingido o coeficiente eleitoral. Já outro candidato, com pouco mais de 500 votos foi eleito devido ao partido ter alcançado o coeficiente eleitoral.

Concordo com o fato de haver um limite de votos para se eleger, mas que valha para todos os candidatos, independente de partido. Por exemplo: 900 votos no mínimo para todos se elegerem. Se sobrarem vagas, completa-se com os outros. Já seria mais justo.

O principal de tudo isso é a população saber que as mudanças dependem dela. A maioria, inclusive, não sabe do coeficiente eleitoral. Primeiramente, a população deve se informar sobre o que acontece; deve participar das decisões e escolhas e por fim deve exigir dos políticos – representantes do povo – projetos e ações, que propiciem o bem comum.

2.4 NOVO MODELO PARA FORMAÇÃO DE PARTIDOS
E ELEIÇÃO DE CANDIDATOS

A intenção neste texto é sugerir um modelo simples de como resolver dois problemas e duas injustiças: a criação desenfreada de partidos e a eleição de candidatos sem regras justas.

Primeiramente, considera-se necessário fazer a reflexão de que muitas situações seriam resolvidas de modo simples e fácil em nossa sociedade. Se não o são é porque interessa a alguns poucos que fique como está. Estes poucos dominam, exploram e determinam regras que os favorecem injustamente, devido ao fato de a maioria (o povo) não se importar em mudar a situação.

Certamente haverá quem diga que todos querem mudança; eu respondo: quem quer mudança, faz parte da mudança e não fica esperando que outros façam o que ele ou ela deveria fazer. Um modelo justo é simples; falta apenas interesse para que seja um modelo coletivo e, portanto, justo.

Partidos políticos existem muitos e se proliferam. Há quem seja inconsciente e imaturo ainda e afirme que temos que respeitar a democracia. Quem afirmou e onde está escrito que ser democrático está relacionado a desordem e falta de regras? O conceito de Política, que está relacionado ao conceito de Democracia – vejam textos anteriores com estes títulos – expressam uma negociação entre os diferentes – somos todos indivíduos - para se chegar ao bem comum.

A criação de partidos políticos, infelizmente, tornou-se um meio de estar entre os poderosos, defender interesses pessoais e ganhar muito dinheiro – o quanto quiser – sem fazer quase esforço algum, nem esforço braçal nem intelectual, apenas a prática da exploração. A preocupação com o povo – que deveria ser a única – nem se importam com isso. Então, ninguém denuncia ninguém, ninguém cobra ninguém. E assim mais e mais partidos vão surgindo. Muitos querem o mesmo: ganhar facilmente e sem esforço, como citado acima.

Consequentemente, a eleição de candidatos deve favorecer a situação acima e dificultar a renovação de quem está no poder. Quem garante a eles, poderosos, que se houver renovação vai continuar como está? Por isso o sistema é injusto para a maioria, mas favorece a quem está no poder, que são os mesmos partidos e candidatos.

Uma sugestão bem simples e lógica de como deveria ser a criação de partidos e a eleição de candidatos. Como citado no texto anterior, basicamente, os partidos se orientam por serem capitalistas, de direita, e socialistas, de esquerda. Os capitalistas defendem o capital, o lucro e, portanto, os empresários e banqueiros; os socialistas defendem os direitos do trabalhador, porque, enfim, ele produz. Isso justifica a existência de dois partidos. Com certeza vai haver quem diga que isso é antidemocrático. Por quê? Justifique a necessidade de se criar outros partidos. Calma, leitor, mais argumentos serão acrescentados a esse.

Todo partido político tem a obrigação de propiciar o bem-estar da população. Acredito que seja isso que está escrito no documento que o partido tem. Se não há o cumprimento disso, existe a Lei que deveria ser cumprida e punir o partido e o candidato que descumprem. Quanto à criação de mais partidos, para isso deveria haver a justificativa do novo partido do que ele vai acrescentar e defender que não é feito pelos partidos existentes. E também ser cobrado que se faça o que se diz e está documentado, sob pena de punição por parte da Justiça. Esta organização necessária, com certeza, diminuiria consideravelmente o número de partidos, porque ficariam apenas aqueles que tem um planejamento e que vão cumprir o que dizem e tem planejado.

A eleição de candidatos, seguindo o raciocínio de justiça deveria se basear simplesmente no candidato que obtivesse o maior número de votos, independente de ser deste ou daquele partido ou voto para executivo ou legislativo. Simples, objetivo e justo: quem teve o maior número de votos é eleito.

Concordo que deva haver um coeficiente para determinar o número mínimo de votos para um candidato se eleger, mas, que seja o mesmo para todos os candidatos, independente de número de votos dos partidos, apenas o mínimo de votos para o candidato ser eleito. Exemplo: 900 votos no mínimo para se eleger um candidato. As escolhas vão sendo feitas de acordo com o número dos mais votados, como já é no Executivo.

Enfim, a ideia deste texto é contribuir para a reflexão dos eleitores quanto às injustiças que existem e precisam ser modificadas.

CAPÍTULO III:

SISTEMAS POLÍTICOS E ECONÔMICOS:

capitalismo, socialismo e comunismo

3.1 CAPITALISMO

Considera-se importante tratar de sistemas políticos e econômicos, porque a vida dos seres humanos depende deles. Neste texto o assunto será capitalismo, devido a ser o sistema vigente na maioria dos países, inclusive o Brasil.

A primeira reflexão a se fazer é: por ser o sistema político e econômico vigente na maioria dos países, pode-se afirmar que é o melhor sistema? A resposta é: depende para quem. Se forem considerados os empresários, investidores, banqueiros, talvez.

Há autores que apontam falhas; outros apontam qualidades e outros apontam falhas e qualidades no sistema capitalista. Vou ser bem objetivo quanto às colocações dos autores e fazer comentários, observações e reflexões baseado nelas.

Tudo é um processo, não há o que surja do nada; então: "... Ao contrário de todas as formas de exploração capitalista que perseguem sobretudo objetivos econômicos e servem ao enriquecimento, no caso da exploração do trabalho escravo na Antiguidade tratava-se de liberar os senhores por completo do trabalho a fim de dispô-los para a liberdade da coisa política." (ARENDT, 1993, p. 18). A colocação da autora é sobre a exploração do trabalho escravo entre os gregos na Antiguidade, que ela relaciona à exploração capitalista. Leia atentamente, leitor, e perceberá a relação. Mudaram-se os costumes, as roupas, o idioma, mas se faz ainda o mesmo.

O termo "exploração" é citado tanto em "exploração capitalista" como "exploração do trabalho escravo". É sabido por nós que ainda há trabalho escravo; nós vivemos situações assim. E o sistema em que estamos é o Capitalismo, no qual a exploração de uns pelos outros é uma característica marcante e essencial. "objetivos econômicos e enriquecimento" e "liberdade da coisa política" fazem parte da exploração, portanto, são para poucos.

Para se entender melhor ainda a essência e as consequências: "o capitalismo só foi possível graças ao desenvolvimento progressivo de um certo individualismo" (PRONI, 1997, p. 4). O que significa ser o capitalismo baseado no individualismo? Significa que o capitalismo é um sistema que não serve para a coletividade, não serve para a maioria; ele é um sistema que serve apenas para alguns, pois é individualista, o que favorece a competição, que também não favorece a coletividade e sim, apenas alguns.

Há alguns ou muitos que se iludem com o capitalismo devido a: "O impulso fundamental que põe e mantém em funcionamento a máquina capitalista procede dos novos bens de consumo, dos novos métodos de produção ou transporte, dos novos mercados e das novas formas de organização industrial criadas pela empresa capitalista." (SCHUMPETER, 1961, p. 110). Porém, a questão é: estas oportunidades são para todos? O capitalismo é um sistema justo? Ou favorece alguns explorando outros? A competição, consequência do individualismo, permite que todos se beneficiem destas vantagens?

Trecho interessante e complementar ao trecho acima é este: "... O desenvolvimento econômico é um processo autossustentado de elevação dos padrões de vida ou de aumento do bem-estar material, que não é necessariamente acompanhado por diminuição da desigualdade, nem é autossustentável do ponto de vista ambiental..." (BRESSER-PEREIRA, 2011, p. 9). Interessante? Não!! Este trecho é muito interessante e muito importante, pois expressa bem duas contradições importantíssimas do capitalismo: a desigualdade e o desequilíbrio ambiental.

Na verdade, quem vive num país capitalista – a maioria de nós vive – sabe que a desigualdade social e o desequilíbrio ambiental fazem parte do sistema; senão como haver lucros extraordinários de muitos bancos e empresas? Mas eles não se importam, são insensíveis e desumanos, "... porque a acumulação de capital com incorporação de progresso técnico passa a ser condição de sobrevivência das empresas." (BRESSER-PEREIRA, 2011, p. 9). A maioria bem expressiva dos capitalistas se importa com os lucros e a sobrevivência das empresas; o ser humano fica em segundo plano. Esse é o capitalismo.

Enfim: "... Uma classe operária cada vez mais numerosa e miserável, indispensável para o desenvolvimento do capitalismo, ..." (SPINDEL, [19--?], p. 8). Esta situação é conhecida por todos nós, pelo fato de que aqueles que vivem a realidade capitalista conhecem bem as diferenças entre as classes sociais e os benefícios de ser de uma ou de outra.

Este texto foi escrito, para que haja um reflexão melhor e mais consciente sobre o capitalismo e se ele é vantajoso. Para você é, leitor?

3.2 COMUNISMO – KARL MARX

Considera-se um dos principais esclarecimentos tratar de Karl Marx e do Comunismo, devido, ao mesmo tempo, à ignorância e a importância do assunto.

Já faz alguns anos e até hoje, novembro de 2020, que a maioria expressiva das pessoas do mundo – não só o Brasil, o estado de São Paulo ou Araraquara – veem com preconceito Karl Marx e o Comunismo. Deve-se isso a um marketing negativo da mídia? Sim, mas, na verdade, a causa principal é a ignorância, a falta de vontade em se informar e em estudar, porque atualmente se acham bons livros, de bons autores em forma de e-books (livros eletrônicos) grátis. A elaboração deste e-book comprova isso. Veja a bibliografia.

Importante começar por alguns tópicos que esclarecem quem foi Karl Marx. Não se quer aprofundar em detalhes para que o texto não fique muito longo e seja claro nos objetivos. Quem quiser se aprofundar, está indicada a bibliografia. E recomenda-se que façam isso, porque o assunto é muito importante.

Um conceito importante não só para o entendimento do Comunismo, como também para a elaboração deste e-book é: "Desde suas obras de juventude, Karl Marx já demonstrava uma preocupação com a impossibilidade de o homem realizar-se integralmente na sociedade de então. Observando a seu redor, Marx percebia que a exploração à qual era submetida a maioria dos cidadãos não lhe permitia conseguir um desenvolvimento completo de suas personalidades. Além disto, o trabalho, da maneira como era estabelecido, não representava prazer para aquele que produzia; muito pelo contrário o trabalho era um jugo ao qual ele deveria se submeter para garantir sua subsistência." (SPINDEL, [19--?], p. 7)

Já foi citado acima que há ignorância e omissão quanto a saber o que é certo quanto a esse assunto; mas há também um fato muito importante: nem toda pessoa demonstra "uma preocupação com a impossibilidade de o homem realizar-se integralmente na sociedade". A maioria das pessoas é individualista e se preocupa com interesses pessoais, no máximo, familiares. E as outras pessoas da sociedade? Marx se preocupava com isso; eu me preocupo com isso, por isso, estou escrevendo este e-book.

A exploração percebida por Marx – e da qual somos conscientes – permite que façamos tudo que temos vontade? Considerando-se do profissional ao lazer, somos o que queremos ser? Podemos ser? Com certeza, a maioria de nós não tem prazer naquilo que faz. Muito de nós gosta do que faz, mas é comum ficarmos estressados e cansados. Quem já não pensou em mudanças necessárias para o bem-estar. Marx foi um que pensou e elaborou teorias e conceitos sobre isso. Conhecem muitas pessoas com tal preocupação? Que tenham feito tamanho esforço?

Do mesmo modo que a maioria de nós, "Marx acreditava que aquela situação teri‹ de chegar ao fim. Uma nova sociedade deveria surgir um dia, na qual todos os homen‹ tivessem possibilidade de desenvolver plenamente todas as suas potencialidades, fosser elas no campo da arte, da ciência, do amor etc. Esta nova sociedade onde viveria ur Homem Novo, um Homem Total, seria a sociedade comunista..." (SPINDEL, [19--?], p. 7) Não entendo o porquê das críticas ao Comunismo, se é uma doutrina que apenas quer ‹ justiça social e o bem dos trabalhadores. Apenas entendo duas possibilidades: ‹ ignorância ou o interesse de explorar.

Devido às preocupações de Karl Marx, já se percebe que ele se diferencia d‹ maioria das pessoas, pois elas não têm as mesmas preocupações; acrescenta-se que ".‹ Educado na Alemanha, de espírito especulativo, tinha ele apaixonado interesse pel‹ Filosofia. A Filosofia pura, do gênero alemão, foi seu ponto de partida e todo o amor d‹ sua juventude. Houve mesmo época em que pensou (18) constituir ela sua verdadeir‹ vocação." (SCHUMPETER, 1961, p. 28). Sabia disso, leitor? Marx pode ser considerad‹ alguém sem preparo intelectual?

Tem mais ainda!! E como eu já escrevi, estou fazendo um resumo para o texto nã‹ ficar muito longo. "Como sociólogo, Marx empreendeu sua tarefa com um equipament‹ intelectual que consistia principalmente no completo domínio dos fatos históricos ‹ contemporâneos. Seu conhecimento dos últimos era algo antiquado, porque, sendo leito voraz em extremo, os materiais fundamentais, não compreendidos os jornais, lh‹ chegavam às mãos com atraso. Mas dificilmente lhe escapava à atenção qualquer obr‹ histórica de sua época, que fosse de importância ou amplitude geral." (SCHUMPETER 1961, p. 29)

Estudar a sociedade é algo útil? Com certeza é, e todos deveriam observar melho a sociedade em que vivem, porque o bem-estar de todos depende dessa observaçã‹ para que se entenda melhor o que acontece. Há mais alguns trechos para entende‹ melhor quem foi Karl Marx: "Como teórico economista, Marx foi, antes de tudo, ur homem muito erudito." (...) na economia de MARX , nada pode ser atribuído a qualque‹ falta de estudo ou treino da técnica da análise teórica. Marx era leitor insaciável ‹ trabalhador infatigável. Deixava de ver poucas contribuições de importância para ‹ assunto. E qualquer coisa que lesse, era meditada, estudando cada fato ou argument‹ com uma paixão de minúcias muito rara em quem, de relance, habitualmente abarcav‹ civilizações inteiras e desenvolvimentos seculares. Criticando e rejeitando, aceitando o‹ coordenando, sempre foi ao fundo das coisas." (SCHUMPETER, 1961, p. 42)

É habito que tenho escrever que a falta de conhecimento é muito prejudicia‹ Aprendi e tenho hábito de usar, devido à importância da tecnologia "#AIgnorânciaTambémMata". Se a maioria das pessoas soubesse do preparo intelectua‹ de Karl Marx e dessem importância a isso – muitos infelizmente não dão -, os estudos d‹ Marx seriam desconsiderados? Ele sabia o que escreveu? Teve embasamento? C Conhecimento nos orienta nas decisões da vida. Uma pessoa que lê muito e pesquisa como Marx fazia, sabe o que afirma. Pensemos nisso!!

Todo o preparo intelectual de Marx foi necessário para que ele elaborasse uma resposta às inquietações que ele tinha sobre as injustiças sociais: "... Comunismo, para ele, era o estágio da sociedade humana onde não mais existiriam exploradores e explorados, onde a exploração do homem pelo homem tivesse chegado a seu fim. O homem, a sociedade e a natureza formariam um todo harmônico; o sonho do Homem Integral estaria realizado." (SPINDEL, [19--?], p. 7)

Como pode ser ruim uma doutrina com tais aspirações? Não existir "exploradores" e "explorados" a que tipo de pessoa? Adivinhem? Apenas quem explora os outros não quer que se termine essa isso e que não haja harmonia na sociedade, porque harmonia significaria o fim da exploração. São estas as pessoas que criticam o Comunismo, pois não interessa a elas a sociedade ser justa e harmônica. E os pobres que não estudam e são omissos apoiam quem os explora. Repito: "#AIgnorânciaTambémMata".

Portanto, o Conhecimento é muito importante. Não é à toa que há a frase "Conhece-te a ti mesmo". Conhecer e entender quem foi Karl Marx e o que é Comunismo faz muita diferença na vida de todos nós. Pensemos todos nisso.

3.3 SOCIALISMO

Texto importante para o objetivo do e-book, tratará de conceito também mal compreendido e por isso visto pela maioria das pessoas de modo preconceituoso: o socialismo.

Sempre há insistência em que o Conhecimento é importante, portanto a falta de Conhecimento traz consequências ruins. O Socialismo é visto pela maioria das pessoas – inclusive os pobres – como algo prejudicial e muito ruim para a sociedade. Na verdade "Ao que se costuma chamar socialismo, Marx chamou a 'primeira' fase, ou fase inferior da sociedade comunista. Na medida em que os meios de produção se tornam propriedade comum, pode aplicar-se a palavra 'comunismo', contanto que não se esqueça que é esse um comunismo incompleto." (Lenin)." (SPINDEL, [19--?], P. 15)

Os conceitos de Socialismo e Comunismo estão relacionados, mas não são a mesma coisa, embora os próprios autores tenham o hábito de empregar as duas palavras como se fossem uma só. Marx emprega Socialismo como sendo uma fase necessária à implantação do Comunismo.

O que é então Socialismo? "... É a sociedade em que o Estado não precisa ter desaparecido, mas deixou de ser instrumento de dominação, seja da burguesia, seja da tecnoburocracia ..." (BRESSER-PEREIRA, 2011, p. 16). Ou seja, na verdade, o Socialismo é o que todos desejam – todos de boa vontade -; apenas quem tem o hábito e o vício de explorar e dominar não quer o Socialismo, porque não interessa a este tipo de pessoa.

Já foi visto no texto anterior que Marx era estudioso, portanto, no mínimo, deve-se refletir e analisar o que ele escreveu: "A característica do Socialismo Científico — que, de acordo com Marx o distingue do Socialismo Utópico — consiste na prova de que o socialismo é inevitável, independente da vontade ou desejo da humanidade..." (SCHUMPETER, 1961, p. 82). Uma coisa é certa e ninguém pode questionar: muita coisa acontece e acontecerá independente da vontade da humanidade: A Lei de Ação e Reação; A Lei de Gravidade; A Lei da Lógica (1 + 1 = 2)...

Há opiniões diferentes? Com certeza, há. Há autores que concordam e outros que discordam sobre um mesmo assunto e este não é diferente. Porém, há os autores mais estudiosos, os mais preparados e que argumentam melhor, inclusive com lógica e considerando a sociedade toda. "... Conforme verificamos antes, isto significa que, em virtude de sua própria lógica, a evolução capitalista tende a destruir o capitalismo e a criar a sociedade socialista." (SCHUMPETER, 1961, p. 82)

Há autores que concordam com a lógica acima, de que o capitalismo se autodestruirá, pela própria lógica de sistema. E neste livro, neste e-book se concorda com esta lógica, pelo fato de que há clareza e sensatez nesta opinião. Qual é esta lógica? Todos são explorados, inclusive quem não entende esta lógica e é capitalista. Ninguém gosta de ser explorado. O capitalismo depende do individualismo; até hoje este sistema de exploração sobrevive porque a maioria das pessoas é individualista.

Um dia, porém, as pessoas perceberão que explorar o outro não é vantajoso e que elas não gostariam que fizessem o mesmo com elas, então, não têm o direito de fazer com o outro. Quando isso começar a acontecer – e vai acontecer – o Socialismo será implantado naturalmente, porque as pessoas estarão preparadas para isso; não serão mais individualistas e sim, colaborarão umas com as outras. Concordo com a opinião de que "A social-democracia, porém, ainda está longe do socialismo. E não existem perspectivas de que tão cedo ele venha a existir." (BRESSER-PEREIRA, 2011, p. 16).

Esta dificuldade se deve ao individualismo humano. Quanto tempo será necessário para que não haja mais individualismo? Ninguém sabe, mas um bom tempo ainda. Comunismo então, vai demorar para ser implantado. Tive um professor da área que afirmou – e eu concordo – nunca ter havido Comunismo. Tentou-se o Socialismo.

Enfim, para que haja Socialismo e Comunismo, as pessoas deverão deixar de ser individualistas, o que provavelmente vai demorar, mas isso não significa que devemos desistir da Justiça e da Igualdade que o Socialismo pode proporcionar. Nós, seres humanos, fazemos a História.

3.4 SISTEMA POLÍTICO E ECONÔMICO, DEMOCRACIA, JUSTIÇA E IGUALDADE SOCIAL

Este último texto do capítulo III vai refletir sobre a relação entre os conceitos acima: o sistema político e econômico faz diferença?

Questão bem interessante é se o sistema político e econômico influi quanto a haver democracia, justiça e igualdade social. Para que fazer esta reflexão? Qual a importância de saber se há ou não influência do sistema político e econômico? O povo trabalhador e que vive com dificuldade é o maior interessado nesta questão. Para a população faz muita diferença saber e aplicar a resposta a esta questão.

Leitor, acredito que tenha percebido – se não percebeu eu alerto para isso – que os capítulos estão todos relacionados; foram escritos de modo a que um raciocínio se baseie no anterior. A ideia é que o leitor reflita e conclua o que é melhor para ele, a partir de informações corretas, baseadas em dados e conceitos confiáveis, porque são de autores reconhecidos.

Analisemos, primeiramente, o capitalismo, que é um sistema baseado no lucro e que portanto, está relacionado ao individualismo. Lucro favorece apenas uma parte e explora outra parte. Não pode haver lucro que favoreça justamente todas as partes. Pode? Se pode, até hoje não se viu nenhum caso. Consequentemente, no capitalismo não há Democracia, porque neste sistema o povo não tem voz; pode até reclamar às vezes, mas não é ouvido e mudanças não são feitas para beneficiar o povo.

Democracia deveria ser "o governo do povo", mas sabe-se que não é assim no capitalismo; neste sistema quem governa são os empresários, os bancos, quem tem dinheiro e, portanto poder. Fácil concluir, inclusive pela nossa experiência em viver num país capitalista, que não há Justiça Social e portanto, não há Igualdade Social. Há sim muita injustiça e desigualdade social.

A maior de todas as hipocrisias é alguém ser capitalista e afirmar e ficar divulgando que quer o bem de todos. Capitalismo é incompatível com o bem de todos. Capitalismo é o oposto de Justiça e Igualdade Social. Capitalismo gera injustiça e desigualdade sociais. Quem é capitalista e quer ter lucro, na verdade, pouco se importa com os outros, pois este é o sistema do individualismo e da competição. Quem me prova o contrário?

O segundo sistema a ser analisado é o Socialismo, que tem por objetivo o Comunismo. O nomes já explicam os conceitos. Socialismo é um sistema que se preocupa com o social, com a população, com os trabalhadores. Socialismo se preocupa justamente com a Justiça e a Igualdade Sociais: Educação, Saúde, Segurança, Emprego, salário digno a todos.

Por que será que os capitalistas criticam e denigrem tanto o Socialismo e o Comunismo? Adivinhem!! Não é difícil!! O leitor que chegou até aqui tem como responder. Justiça de Igualdade Sociais não interessa ao capitalista. Ele vive de lucro e para isso, não pode haver Justiça nem Igualdade Sociais.

Portanto, mais uma reflexão importante: a relação entre sistema político e econômico, democracia, justiça e igualdade social. Leitor, conclua e se oriente de acordo com o que quer para você.

CAPÍTULO IV:

CANDIDATOS

E

ELEITORES

4.1 CANDIDATOS, ELEITORES E CONHECIMENTO

A reflexão que será feita neste texto vai considerar a importância do Conhecimento para candidatos e eleitores e até que ponto há influência para os dois.

Há muito tempo temos notícias de filósofos e estudiosos que trataram da importância do Conhecimento. É claro, quem fala que Conhecimento e estudar são importantes é porque tem Conhecimento e estuda; portanto, por experiência sabe que são hábitos importantes.

Sempre se aprende e entende muita coisa analisando fatos da História; alguns exemplos: a descoberta do fogo, como se deu? O homem primitivo, devido às necessidade que tinha, começou a observar e fazer tentativas. O mesmo processo – observação e tentativas – serviu para se construírem habitações mais confortáveis e seguras; também serviu para a criação de energia para o ser humano usar; para se construírem os carros, os aviões...

Foram citados acima apenas alguns exemplos de que o Conhecimento é indispensável para o Progresso; mas aqui Progresso não é entendido como algo material e indispensável ao consumismo humano; aqui Progresso é entendido como aquisição de Conhecimento, necessário à melhoria intelectual e moral do ser humano. Ao longo do tempo, muitos filósofos, por exemplo, trataram disso, mas a intenção não é aprofundar este assunto, pois não é o objetivo dese e-book.

A intenção foi citar alguns exemplos para comprovar a importância do Conhecimento na História da Humanidade; de igual modo, Conhecimento é importante para Candidatos e Eleitores. Questão de lógica. Por que para eles seria diferente? Não é!! Como uma pessoa pode fazer bem algo que ela não entenda, algo de que não tenha o mínimo Conhecimento? Fazer por fazer é recomendável? A questão é falta de planejamento e aplicação de leis já existentes.

Desde da adolescência aprendi que não basta apenas ter boa vontade; o exemplo que sempre cito e vou citar aqui é: eu não tenho nenhum conhecimento de mecânica, mas terei a melhor boa vontade em consertar de graça o carro de qualquer um de vocês. Quem permitiria? Acredito que ninguém!! Pelo menos em sã consciência. Por que então há pessoas que votam em candidatos que não têm a mínima condição de serem políticos? E o eleitor, será que tem condições de votar? Em sã consciência?

A sociedade em que vivemos é confusa, é um caos – como sempre escreveu um amigo meu e agora eu -; mas não é só isso; também é uma sociedade muito corrupta; e a sociedade é corrupta pelo simples e lógico fato de que as pessoas são corruptas. Ser corrupto e não ter Conhecimento é trágico!! É o caos!! Mas, será que corrupção está relacionada à falta de Conhecimento? É uma ótima questão!! Não tão simples como muitos podem pensar.

Muitos podem argumentar que, ao logo da História, há exemplos de mau uso do Conhecimento, com o fim de explorar e dominar. Argumenta-se com outra pergunta: Seria mesmo Conhecimento, ou apenas informação? É bem diferente!! Quando temos Conhecimento de algo, sabemos qual o processo e como se dá esse processo, quais as consequências possíveis e lógicas... Portanto, com Conhecimento somos levados a fazer o certo. Sabe-se que também este é um assunto complexo. É bem filosófico!!

A questão é entender que havendo Conhecimento, a prática é bem diferente; Conhecimento conduz a ser eficiente e a ser competente. Ninguém sabe tudo; é impossível saber tudo; mesmo porque, nós, seres humanos, ainda temos muito a descobrir. Um bom candidato é aquele que tem Conhecimento sobre o que se deve fazer para que haja bem-estar social para a população e também deve ter firmeza de caráter para fazer o que deve fazer e não se tornar corrupto.

O bom eleitor, por outro lado, é aquele que se preocupa com a sociedade em que vive (cidade, estado, país), o que significa se preocupar com ele e todos os outros que vivem nesta sociedade; portanto, ele escolhe, vota em candidatos que sejam bons para a sociedade; se escolher quem seja bom só para ele, isso é ser corrupto.

Portanto, neste texto, tentou-se argumentar e fazer o leitor refletir e entender a importância de candidatos e eleitores terem Conhecimento. Faz muita diferença.

4.2 CANDIDATOS E INTERESSES

Esta relação é determinante para a política: candidatos e interesses. Considera-se importante ter um texto apenas sobre isso. E com argumentos variados.

Já se viu em textos anteriores que um político existe para negociar entre os diferentes o bem-estar comum. Este deve ser o interesse para um candidato entrar na política. E é? Infelizmente, sabemos ser bem outro o interesse da maioria que entra na política. Maioria? Como assim? Observemos a sociedade em que vivemos!!

É comum e natural haver interesse para alguma coisa. Se há falta de interesse numa pessoa para tudo, sabe-se que há algo errado!! É algo racional, lógico e compreensível alguém querer o bem-estar de si próprio e da família. O que se esquecem é que todos da sociedade pensam de modo semelhante. Todos têm o mesmo direito a serem felizes e ter o bem-estar pessoal e familiar.

Há algo que faça com que um tenha mais direito que outro ao bem-estar? Alguém pode ser privilegiado? Ou é privilegiado por natureza? Não!! Por isso, existe a política e as leis, para garantir que todos tenham os mesmos direitos assegurados. É o que deveria ocorrer: os políticos e o judiciário seguirem as leis para que haja bem comum e justiça.

Infelizmente, os interesses estão muito distantes da preocupação com a população. Os interesses pessoais são a prioridade. Interesses pessoais existem porque há individualismo. Individualismo gera ganância: sempre ter mais e mais e mais e ... Individualismo lembra alguma coisa que já foi tratada em textos anteriores? Capitalismo só existe por causa do individualismo humano. Explorar e competir é uma característica humana? É o caos realmente!!

Importante lembrar aqui que o ser humano, "homo sapiens", é potencialmente racional, tem a capacidade de observar, de analisar, testar e concluir logicamente e sensatamente. Há quanto tempo se observa, analisa, testa e se conclui algo sobre o individualismo? Sobre o Capitalismo? Está bom assim? Para os ricos e poderosos talvez. Já pensaram que poderia ser diferente e talvez melhor.

Alguém que deveria cumprir uma função de um modo e faz de outro é algo preocupante; se aplicarmos isto aos políticos, entenderemos porque é preocupante. Mas aqui nos referimos a eles mesmos, políticos. Alguém que deveria querer o bem de todos e só quer o bem-estar próprio, pode ter uma vida tranquila? Com certeza, não!! Dormir tranquilamente? Acredito que não!! Uma pessoa destas, pode ter amigos? - digo amigos - ; pode ter pessoas de confiança? Com certeza, não!! Apenas pessoas com os mesmos interesses individualistas e capitalistas. E o que acontece, quando os interesses não forem mais os mesmos?

Quando se é individualista, unir-se a pessoas individualistas é a única opção. Quem quer o bem coletivo não se une a individualistas. Mas, unir-se a pessoas individualistas não é nem um pouco inteligente, porque o individualista sempre vai querer o próprio bem. E um individualista não é igual a outro; além de seres humanos – indivíduos por natureza -, são individualistas. Então, quando o interesse não for mais o mesmo, não haverá mais união. Pode haver união entre individualistas? Analisem as palavras!!

Outra questão importante: um candidato, um político não gosta de ser querido? Não gostaria de ser aclamado e amado pelo povo? Quem não gosta de ser querido e amado? Mas, a maioria dos candidatos e políticos parece que não!! Em vez de beneficiar o povo, exploram o povo. Há melhor maneira de ser amado e respeitado pelo povo do que sempre governar para o bem comum da população; sempre para o bem-estar do povo?

Uma das coisas que o político mais gosta é ser querido e ter a atenção do povo. Ou não? Fica aqui uma reflexão: será que os políticos não confundem ser querido, amado e respeitado com ter apoio de pessoas que têm os mesmos interesses? Esta questão nos leva a uma imaturidade intelectual e moral, a qual sabe-se estar presente.

Há ainda outra questão: a de como já estão e continuarão sendo reconhecidos na História: com certeza, como pessoas individualistas e exploradoras do povo. Será que alguém gosta de saber que está conhecido assim e vai continuar sendo, ao longo da História da Humanidade. E o parentes, filhos, netos...? Serão todos corruptos? Isso vale para todos!! E aqueles que não forem? Que vergonha!!

Enfim, o que se quis foi refletir um pouco sobre características e consequências de políticos individualistas. E se analisarmos bem, perceberemos que há indícios de uma personalidade confusa e problemática.

4.3 ELEITORES E INTERESSES

Considera-se este texto muito importante, porque vai tratar da relação entre eleitores e interesses, o que torna o eleitor como responsável por quem é eleito.

O eleitor tem o hábito de querer justificar o caos social por meio da incompetência dos políticos e da corrupção. É o velho hábito de transferir responsabilidade. "Sempre é o outro o culpado; nunca sou eu o culpado". Haverá alguém que seja perfeito? Haverá alguém que nunca tenha culpa? É correto e sensato alguém sempre colocar a culpa nos outros? Principalmente no caso do eleitor, são válidos tais argumentos?

Qual a primeira impressão que temos de alguém que sempre coloca a culpa nos outros? Pode ser alguém cumpridor(a) dos deveres? Só para lembrar todos nós temos deveres antes de termos direitos. Todos querem direitos; mas quantos cumprem os deveres que lhes cabem? Para se criticar alguém, além de provar que a pessoa está errada, deve-se acima de tudo "fazer melhor". Criticar por apenas criticar só incomoda e mostra que quem critica é um idiota.

Como já foi visto no texto anterior, todos têm interesses; do mesmo modo que o candidato – que também é eleitor -, o eleitor também tem interesses. Mas alguns argumentos sempre é bom relembrar!! O eleitor tem interesses próprios, para o bem-estar pessoal e também bem-estar da família a que pertence. É natural que busque isso; mas, deve o eleitor considerar que todos os outros eleitores têm interesses pessoais e familiares, dos quais alguns são diferentes dos interesses dele. Alguns podem ser iguais, mas nem todos. Esta é a primeira regra a ser seguida por um eleitor responsável: votar para que haja bem comum.

O que é bem comum? Analisando as palavras se entende logicamente que é o bem comum a todos. Não pode haver bem comum se há senso comum. E o que é senso comum? Alguns autores utilizam o termo "senso comum" para se referirem àquilo que é comum as pessoas acreditarem, mas que nem sempre sabem justificar, e muitas vezes não tem lógica; como exemplo clássico: não se pode bater manga com leite!! Por quê? Atualmente, em novembro de 2020 é comum se fazer isso. Mesmo assim há quem acredite porque aprendeu assim, mas não sabe o por quê disso.

É senso comum entre muitas pessoas que a maioria dos políticos é corrupto; também é senso comum de que votar não é importante – muitos não votam e depois reclamam -; é apenas ignorância; são idiotas ou são apenas chatos que nada tem de melhor a fazer? Por isso, escrevi o capítulo sobre a importância do Conhecimento e sempre escrevo ou falo sobre Conhecimento. Ter Conhecimento é a essência, é o básico. Como pode alguém opinar sensatamente sobre algo que não entende?

Interesses pessoais que são contrários ao bem coletivo é corrupção. Como pode alguém corrupto criticar outro corrupto? Como pode alguém corrupto querer bem-estar pessoal? Se não há bem-estar coletivo não há bem-estar pessoal!! O que você entende por bem-estar será mesmo bem-estar? Sei que muitos não entendem isso!! Para superar o senso comum é preciso adquirir Conhecimento e, para isso é preciso estudar e refletir muito: é um processo.

Quem critica que o outro age por interesses pessoais pode agir da mesma forma. É lógico, sensato e justo isso? Eleitores criticam candidatos e políticos por serem individualistas, corruptos e agirem de acordo com interesses pessoais. Se criticam é porque querem o bem coletivo, certo? Não!! Infelizmente muitos querem a mesma coisa mas os interesses pessoais nem sempre são os mesmos. Portanto, a corrupção nem sempre envolve o mesmos interesses e nem sempre as mesmas pessoas. Há também eleitores corruptos. Se não houvesse eleitores corruptos, não haveria políticos corruptos. Triste realidade!!

Não me lembro onde vi ou ouvi: "o ser humano é uma triste coisa!!" A maioria dos eleitores reclama dos políticos e afirma que são corruptos e não fazem nada pela população. Mas com certeza entre estes eleitores tão críticos estão muitos dos mais de 73.000 eleitores que não votaram em Araraquara; com certeza entre estes muitos eleitores críticos estão muitos que não respeitam o período da pandemia do COVID-19 (Coronavírus) e aqui em Araraquara fazem aglomerações em espaços como; clubes, bares, pizzarias ... Inclusive há lugares que foram multados uma vez, depois uma segunda vez e então, depois foram fechados. Como haver mudança se quem critica faz o mesmo que aquele que é criticado?

Enfim, enquanto não entenderem que o bem coletivo está acima dos bens pessoais é impossível haver situação de bem-estar social. Espera-se que o leitor reflitam bem no assunto.

4.4 CANDIDATOS, ELEITORES,
RESPONSABILIDADE SOCIAL E COLETIVA

Neste texto se fará mais uma reflexão muito importante, que ao longo do e-book, do livro foi se construindo: a relação existente entre candidatos, eleitores, responsabilidade social e coletiva.

Se o leitor foi atento percebeu que o que o título expressa foi escrito ao longo dos textos do e-book. Aqui se fará uma síntese dos conceitos. Síntese? Há como fazer síntese de reflexões e filosofia? Não!! Simplesmente, mas uma reflexão sobre o assunto, mas agora sobre a relação entre tudo que foi escrito. Ainda não é a Conclusão, que será o próximo texto.

Candidatos e eleitores; eleitores e candidatos. Quem são? O que fazem? O que querem? Entendem a vida? Como entendem a vida? Não entendem? E mesmo assim vão querer cuidar de outras vidas? Ah, não querem cuidar de vidas!!! Então, por que querem ser quem cuida? Há tanta coisa para ser e se fazer. A não ser que não saibam quem são nem por onde vão!!

Desde o início do texto, foram vistos conceitos sobre Política, Corrupção, Democracia, Consciência Social; foram feitas também reflexões sobre a importância de votar ou não votar; foram definidos Capitalismo, Socialismo, Comunismo e feitas reflexões sobre a relação de cada um e justiça e igualdade sociais. Também houve reflexões sobre a importância do Conhecimento para os candidatos e os eleitores e os interesses de cada um e as consequências. Ou seja, a leitura e a reflexão dos textos anteriores é fundamental para se entender este texto e o próximo texto, que será a Conclusão.

Destaca-se que sempre houve a preocupação com a linguagem simples, clara e objetiva, para que haja o entendimento por parte do leitor, o que se considera o mais importante!! Para que eu vou escrever um livro que ninguém vai entender? Não vejo utilidade nem lógica nisso!! Para mim, um livro é uma maneira de divulgar e espalhar Conhecimento. Este livro é uma maneira de espalhar e divulgar Conhecimento para os Eleitores e Candidatos de boa vontade, os quais existem e estão espalhados por aí.

O leitor pode estar se perguntado: Para que serve o Conhecimento dos conceitos e reflexões deste livro? Boa pergunta, leitor!! O objetivo é que haja responsabilidade social e coletiva, pois da parte da maioria não há. Se houvesse, a situação social seria bem melhor. O que há é individualismo, por isso, vivemos o Capitalismo; a maioria reclama, mas como a maioria é individualista, ainda não conseguiu ser socialista.

Responsabilidade social e coletiva depende da boa vontade de cada um de nós, sejamos candidatos ou eleitores; esse foi o alerta que tentou se fazer ao longo do livro. Todos nós temos responsabilidade por ser a sociedade em que vivemos como é. A escolha a ser feita é entre individualismo e caos ou responsabilidade coletiva e social e bem-estar.

Portanto, mais uma reflexão para o leitor – eu já faço quando escrevo –: responsabilidade social e coletiva. A sociedade precisa urgentemente disso. Nosso bem-estar agradece.

CONCLUSÃO:

JUSTIÇA SOCIAL É POSSÍVEL

SEM IGUALDADE SOCIAL?

Todos os textos e conceitos que foram escritos no e-book têm o objetivo de facilitar a compreensão e a prática da Justiça e da Igualdade Sociais. Mais uma reflexão para o leitor.

Muitos já escreveram sobre todos os assuntos que eu escrevi. E onde estão a Justiça e a Igualdade Sociais? Na verdade será que querem isso? Ou será que para muitos, escrever e publicar é um simples e mecânico trabalho intelectual e acadêmico? A experiência, inclusive acadêmica, faz considerar esta última hipótese. Por quê? Com tanta teoria, há tanto tempo, e nada muda. No mínimo, digno de reflexão.

Uma teoria precisa se tornar fato para ter validade e ser reconhecida cientificamente, ou seja, para ser Verdade e não ilusão. Para tal é necessário que haja envolvimento de pessoas interessadas em fazê-lo. E há? Muitos falam sobre Justiça Social; mas será que consideram a Igualdade Social? Não acredito!! Vou explicar.

Há pessoas com boa índole; pelo menos no início da boa índole: são pessoas que procuram ajudar aos outros; há um início de preocupação e bondade em alguns casos. Há pessoas que arrecadam e distribuem alimento; no frio há quem arrecade e distribua blusas e cobertas... Há quem estude e escreva sobre isso. Por que afirmo que é um início de bondade? Há muitos que não se preocupam nem com isso. Mas, bondade não é isso apenas!! Faça uma proposta para eles: "repartam, dividam com estes desafortunados os bens que possuem!!". A maioria, senão todos, estão dispostos a ajudar, mas não a serem iguais. Novamente se pergunta: é possível Justiça Social sem Igualdade Social? Então, pode chamar de ajuda?

Há pessoas sinceras que fariam isso, se necessário. Mas quantas são tais pessoas? Algumas pessoas deixariam o conforto e o luxo que possuem para ver o miserável ter o mínimo necessário, ou melhor ainda, para todos serem iguais? As pessoas não são tão boas quanto parecem!! A maioria não é!! Felizmente, há exceções, mas ainda são minoria. Por isso, observação, análise e reflexão são importantes.

É possível entender a partir destas reflexões por que há quem defenda tanto o Capitalismo e por que há tantos que criticam o Socialismo e o Comunismo. Muitos não querem a Igualdade Social! Não só os ricos como muitos pobres!! Há pobres que querem ficar ricos!! Não se enganem!! Há sim!! É triste, mas há!! Repito: poucas pessoas são boas!! A maioria apenas tem o verniz da bondade. Fingem socialmente.

Esta vontade se reflete no voto, o qual expressa aquilo que a pessoa é e o que quer para si: individualismo ou coletividade. A observação e a análise são muito úteis. E há aqueles que nem votam. Para eles está bem como está!! É o que se conclui!! Tem gente que se contenta com um churrasquinho e algumas cervejas e pingas!! Mas não pensam que há quem não tenha dinheiro nem para comer, quanto mais para churrasco, cerveja e pinga. Pode ser boa uma pessoa como essa?

Enfim, uma Eleição e a possibilidade de Voto, quem nem sempre existiu - há lugares em que ainda não existe- é a possibilidade que as pessoas têm de melhorar a situação e buscar Justiça e Igualdade Sociais, pois uma não existe sem a outra. Este texto, este e-book foi escrito para que o leitor reflita sobre isso. Numa sociedade não podemos ser individualistas; numa sociedade temos o dever de pensarmos e agirmos coletivamente.

REFERÊNCIAS BIBLIOGRÁFICAS

BRESSER-PEREIRA. As duas fases da história e as fases do capitalismo. **Textos para Discussão da Escola de Economia da Fundação Getúlio Vargas**, São Paulo, 2011. *E-book.*

ELIENE. Política. **Blog Mundo Educação.** Disponível em: ttps://mundoeducacao.uol.com.br/politica. *Acesso em: 17 nov. 2020.*

ARENDT, Hannah. *O Que é Política?* 3. ed. Bertrand Brasil Ltda. Rio de Janeiro.1993. *E-book.*

QUEIROZ, Antônio Augusto de. O que é e para que serve a política. **Congresso em foco.** Disponível em: https://congressoemfoco.uol.com.br/opiniao/colunas/o-que-e-e-para-que-serve-a-politica/. Acesso em: *17 nov. 2020.*

PRONI, M. W. História do capitalismo: uma visão panorâmica. **Cadernos do CESIT**, Campinas, texto para discussão n. 25, 1997. *E-book.*

SCHUMPETER, A. J. **Capitalismo, Socialismo e Democracia.** Tradução de Ruy Jungmann do original inglês *Capitalism. Socialism and Democracy.* Rio de Janeiro: Fundo de Cultura, 1961. *E-book.*

SPINDEL, A. **O que é Comunismo**. Tatuapé: Brasiliense, [19--?]. *E-book.*

LISTA DOS 21 E-BOOKS

PUBLICADOS POR MIM

EM PORTUGUÊS

NA PLATAFORMA AMAZON:

1. TEXTO CIENTÍFICO, MONOGRAFIA, TCC

https://www.amazon.com.br/dp/B013VW2TFW

2. LÍNGUA PORTUGUESA:

HISTÓRIA E NOVA ORTOGRAFIA

http://www.amazon.com.br/gp/product/B0195K8AK2

3. LÍNGUA PORTUGUESA:

HISTÓRIA, COMUNICAÇÃO,

REDAÇÃO E INTERPRETAÇÃO

https://www.amazon.com.br/dp/B019EE5NLS

4. MEUS POEMAS DE 1992 ATÉ 2016: SUAS SETE CATEGORIAS,

COMENTÁRIOS E REFLEXÕES

https://www.amazon.com.br/dp/B01C2Z8MAA

5. REFLEXÕES SOBRE DECEPÇÕES E DESILUSÕES

EM NOSSAS VIDAS:

CAUSAS, CONSEQUÊNCIAS, SOLUÇÕES

https://www.amazon.com.br/dp/B01I0HW6R4

6. REFLEXÕES SOBRE

POLÍTICA E POLÍTICOS; EDUCAÇÃO E EDUCADORES

E A SOCIEDADE

https://www.amazon.com.br/dp/B01L0E40IM

7. RELACIONAMENTOS: HOMENS E homens; MULHERES E mulheres

https://www.amazon.com.br/dp/B01LZE9QBP

8. SOCIEDADE DAS IDEIAS: INFORMAÇÃO OU CONHECIMENTO, UTOPIA OU REALIDADE?

https://www.amazon.com.br/dp/B01MRBUNYF

9. MULHERES GUERREIRAS:

pessoas comuns, mas especiais

https://www.amazon.com.br/dp/B06XT738GX

10. SOCIEDADE DE IDIOTAS: por quê?

https://www.amazon.com.br/dp/B0728FLC46

11. RETÓRICA E VERDADE:

arte da persuasão, do convencimento

https://www.amazon.com.br/dp/B078SYZTTJ

12. MENSAGENS PARA REFLETIR I

sistemas políticos e econômicos, candidatos e eleitores

https://www.amazon.com.br/dp/B08PDH7M4V

19. MENSAGENS PARA REFLETIR III: 31 TEXTOS REFLEXIVOS

https://www.amazon.com.br/dp/B08QD3ZYHD

20. MENSAGENS PARA REFLETIR IV: 32 TEXTOS REFLEXIVOS

https://www.amazon.com.br/dp/B08QZNJBBD

21. COVID-19 E O SENTIDO DA VIDA

https://www.amazon.com.br/dp/B08XZQR34J

====

Contato (Esclarecimentos):

+55(16)99779-4717

Vivo e Whatsapp

===

#AlbertoBetoPsolAraraquara

===

#AlbertoBetoEscritorAmazon #AlbertoBetoEbooksAmazon
#AlbertoBetoLivrosEletrônicos #AmazonBrasil #Amazon #Araraquara #TodoBrasil
#PreçosBons #PreçosBaixos

====

LIST OF 9 E-BOOKS

PUBLISHED BY ME

ON THE AMAZON PLATFORM:

======

IN ENGLISH

======

All for ONLY R$15.00 in Brazil.

======

The countries that have Amazon stores are:

====

1. RELATIONSHIPS: MEN and men; WOMEN and women

https://www.amazon.com.br/dp/B01M723EYD

==============================

2. REFLECTIONS ON THE DISAPPOINTMENTS AND THE DISILLUSIONS IN OUR LIVES: CAUSES, CONSEQUENCES, SOLUTIONS" (ENGLISH EDITION)

https://www.amazon.com.br/dp/B01N7BQA7N

=================

3. REFLECTIONS ON POLITICS AND POLITICIANS; EDUCATION AND EDUCATORS

AND SOCIETY

https://www.amazon.com.br/dp/B01N0WVG7J

===========================

4. SOCIETY OF IDEAS:: INFORMATION OR KNOWLEDGE, UTOPIA OR REALITY? (English Edition)

https://www.amazon.com.br/dp/B06WWBBX8P

=====================================

5. WARRIOR WOMEN:: COMMON, BUT SPECIAL PEOPLE (English Edition)

https://www.amazon.com.br/dp/B071NHQPBR

==

6. SOCIETY OF IDIOTS: why?

https://www.amazon.com.br/dp/B072KJ5VB5

==

7. RETHORIC AND TRUTH:

art of persuasion, of convincing

https://www.amazon.com.br/dp/B078VG4PMP

==

8. RELATIONSHIP AMONG:

EXISTENTIAL ISSUES

IGNORANCE AND WISDOW

SUFFERING AND HAPPINESS

https://www.amazon.com.br/dp/B086R237KH

==

9. COVID-19 AND THE MEANING OF LIFE

https://www.amazon.com.br/dp/B08YP98PSY

==

=====

Contact:

+55(16)99779-4717

Vivo and Whatsapp

==

AlbertoBetoPsolAraraquara

==

AlbertoBetoEscritorAmazon #AlbertoBetoEbooksAmazon #AlbertoBetoLivrosEletrônicos
AmazonBrasil #Amazon #Araraquara #TodoBrasil #PreçosBons #PreçosBaixos

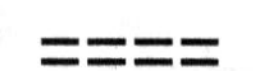

OS E-BOOKS E LIVROS IMPRESSOS, EM PORTUGUÊS E EM INGLÊS, PODEM SER PROCURADOS POR PAÍSES:

====

E-BOOKS AND PRINTED BOOKS, IN PORTUGUESE AND ENGLISH, CAN BE SEARCHED BY COUNTRIES:

=======

Pesquisem pelo meu nome:

Search by my name:

Alberto da Silva Morais Neto

====

1) EUA/USA

https://www.amazon.com/

#AmazonUSA

2) REINO UNIDO/UK

https://www.amazon.co.uk/

#AmazonUK

3) ALEMANHA/GERMANY

https://www.amazon.de/

#AmazonDeutschland

4) FRANÇA/FRANCE

https://www.amazon.fr/

#AmazonFrance

5) ESPANHA/SPAIN

https://www.amazon.es/

#AmazonEspaña

6) ITÁLIA/ITALY

https://www.amazon.it/

#AmazonItalia

7) HOLANDA/NETHERLANDS

https://www.amazon.nl/

#AmazonNetherlands

8) JAPÃO/JAPAN

https://www.amazon.co.jp/

#AmazonJapan

9) BRASIL/BRAZIL

https://www.amazon.com.br/

#AmazonBrasil

10) CANADÁ/CANADA

https://www.amazon.ca/

#AmazonCanada

11) MÉXICO/MEXICO

https://www.amazon.com.mx/

#AmazonMexico

12) AUSTRÁLIA/AUSTRALIA

https://www.amazon.com.au/

#AmazonAustralia

13)ÍNDIA/INDIA

https://www.amazon.in/

#AmazonIndia

=====

Contato/Contact:

+55(16)99779-4717 **- Vivo e (and) Whatsapp**

#AlbertoBetoPsolAraraquara

===

#AlbertoBetoEscritorAmazon #AlbertoBetoEbooksAmazon #AlbertoBetoLivrosEletrônicos
#AmazonBrasil #Amazon #Araraquara #TodoBrasil #PreçosBons #PreçosBaixos

====

www.ingramcontent.com/pod-product-compliance
Lightning Source LLC
Chambersburg PA
CBHW060213260726

48658CB00005BA/2022